APERÇUS

POLITIQUES.

PARIS,

Chez CORRÉARD, libraire, Palais-Royal, galerie de bois.

5 mai 1820.

APERÇUS POLITIQUES.

ART. 1er.

Moyens de contre-révolution que l'on peut trouver dans le dernier projet de loi relatif à un nouveau mode d'élection.

DEUX articles de la Charte sont relatifs à l'élection des députés.

L'article 35 porte : « La Chambre des députés sera « composée des députés élus par les colléges électoraux, « dont l'organisation sera déterminée par des lois. »

L'article 40 porte : « Les électeurs qui *concourent à la* « *nomination* des députés ne peuvent avoir droit de suf- « frage, s'ils ne paient une contribution directe de trois « cents francs, et s'ils ont moins de trente ans. »

Il n'y a pas un homme de bon sens et de bonne foi qui, à la lecture de ce dernier article, ne soit persuadé que celui qui l'a rédigé a entendu, ou voulu faire entendre, qu'il y aurait des citoyens français, que ces citoyens choi- siraient les électeurs qui nommeraient les députés ; mais que ces électeurs devraient être choisis exclusivement parmi les citoyens français qui paient une contribution directe de trois cents francs, et qui sont âgés de trente ans.

Cependant lorsque les ministres sont venus à s'occuper des lois qui doivent *déterminer l'organisation des colléges électoraux*, ils ont été épouvantés d'une conséquence qui les aurait obligés à reconnaître des citoyens français et à organiser le droit de cité.

Les ministres ont donc pris le parti d'interpréter l'article 40 de la Charte, et au lieu d'entendre que cet article a déterminé les conditions que doivent réunir les citoyens français parmi lesquels seraient choisis les électeurs, ils ont entendu que TOUS les français qui réunissent les conditions exigées par la Charte pour être nommés électeurs, sont électeurs de fait et de droit.

Il est résulté de cette interprétation que le peuple français est totalement privé du droit de cité, et que le droit d'élire des députés a été concentré entre cent mille individus.

Par cette interprétation, les ministres ont obtenu trois avantages; d'abord ils ont fait admettre une interprétation qui autorise une longue suite d'interprétations; ensuite ils ont évité d'organiser le droit de cité; enfin ils se sont fait une réputation populaire en proposant une loi anti-populaire qu'ils ont fait appeler *démocratique* par les contre-révolutionnaires.

Mais telle est encore la puissance de l'esprit national, que la majorité des cent mille électeurs exclusifs, a défendu les principes et les conséquences de la révolution.

Les ministres ont dû alors avoir recours à une seconde interprétation; mais cette interprétation ayant fait faire un trop grand saut à la marche de la contre-révolution, ils ont jugé prudent d'en revenir, par une marche plus lente, mais plus sûre, au grand principe de la continuité; en conséquence ils ont présenté une troisième interprétation qui tout entière est fondée sur le sens équivoque d'un seul mot.

Or, toute interprétation de mots emporte une discussion subtile et métaphysique qui est hors de la portée de la plupart des esprits, et qui a le grand avantage de laisser à la passion et à la mauvaise foi le prétexte d'embrasser une opinion probable.

C'est le mot *concourir* que les ministres ont choisi pour leur champ de bataille. Ce mot, d'un vague sans limites, peut être employé pour exprimer la chaîne infinie des causes et des effets : c'est ainsi, par exemple, qu'on a dit que le vol d'un moucheron *concourt* à maintenir l'ordre de l'univers.

On doit donc s'attendre à voir les ministres, armés de sophismes et de métaphysique, se présenter à la tribune nationale pour obscurcir la question et masquer la contre-révolution.

Cependant il semble qu'il serait possible d'arriver à une notion tellement précise du mot *concourir*, qu'il ne resterait de subterfuge ni aux ministres ni aux ministériels.

Ou le mot *concourir* doit être pris dans un sens *précis*, ou il doit être pris dans un sens *illimité*.

Le mot *concourir*, dans le sens *précis*, indique que plusieurs agens, *par une action semblable*, produisent immédiatement un seul et même résultat.

Par exemple, les électeurs de chaque département *concourent* à nommer les députés de chaque département. Les collèges électoraux de toute la France *concourent* à former la chambre des députés. Les députés de la chambre *concourent* à former une liste de cinq membres; le roi seul, sans le *concours* de personne, nomme sur cette liste le président de la chambre des députés.

Le mot *concourir*, pris dans le sens *illimité*, indique que, *par des actions qui ne sont pas semblables*, une suite infinie d'agens et de résultats successifs, produisent un dernier résultat.

Par exemple, la chambre des députés et le roi *concourent* à nommer le président de la chambre ; chaque député *concourt* à cette nomination ; le collège électoral qui a nommé le député qui est président, a *concouru* à lui faire obtenir cet honneur, et chacun des électeurs qui a donné sa voix à ce député, a aussi *concouru* à son élévation.

On voit, par ces exemples, que le mot *concourir* peut signifier deux choses précisément contraires ; ainsi, l'on dit : Le roi, sans le *concours* de personne, nomme le président de la chambre des députés ; et l'on dit aussi : Le roi et la chambre des députés *concourent* à nommer le président de la chambre.

Appliquons encore le double sens du mot *concourir* au projet des ministres.

Dans le sens précis, des électeurs infimes *concourront* à nommer des candidats, et des électeurs supérieurs *concourront* seuls à la nomination des députés.

Dans le sens illimité, chaque électeur infime et chaque électeur supérieur, chaque collége d'arrondissement et chaque collége de département, le ministre qui ordonne de former les listes d'électeurs, les préfets et les sous-préfets qui forment ces listes, le roi qui ordonne la convocation des colléges électoraux et qui nomme les présidens, *concourent* tous à la nomination des députés.

Il résulte de cette distinction, que si le mot *concourir* est pris dans le sens *illimité*, il n'existe plus de constitution relativement à notre système électoral.

Car la nature d'une constitution est précisément de limiter la volonté du législateur en déterminant ce qui est *hors du domaine de la loi* : or , rien ne restera hors du domaine de la loi, et, par conséquent, hors du caprice et des passions du législateur, aussitôt que les ministres pourront à leur gré bouleverser tout notre système électoral. Déja ils ont prononcé que le droit d'élire n'existe en France que pour cent mille individus ; aujourd'hui, ils prononcent que ces cent mille individus seront divisés en électeurs infimes, et en électeurs supérieurs ; que les électeurs infimes ne pourront *concourir* qu'à la nomination de candidats ; et que les électeurs supérieurs *concourront* seuls à la nomination des députés. Cette interprétation admise, les ministres prononceront dès qu'ils le voudront, que le nombre des électeurs supérieurs sera réduit autant qu'il leur conviendra ; ensuite, par des majorats et des substitutions, ils établiront des familles privilégiées en nombre nécessaire pour avoir constamment la majorité des électeurs supérieurs ; et enfin ce petit nombre de famille privilégiées prétendra représenter la nation.

Arrivés à ce point , les ministres pour compléter la contre-révolution, n'auront plus qu'à faire l'application du grand principe de M. Pasquier.

Ils diront : La constitution ne limite point la volonté du législateur ; elle ne met rien hors du domaine de la loi ; donc une proposition quelconque, discutée, votée et sanctionnée dans les formes déterminées par la constitution, devient *loi*.

Mais tout ce qui est loi devient légitime et obligatoire.

Donc, avec les formes de la constitution , on peut détruire le fonds de la constitution ; donc, avec les formes de la constitution , on peut détruire les formes même de la constitution ; donc, il est possible de faire une contre-révolution constitutionnelle , légitime , obligatoire.

Cela posé, les ministres pourront proposer des projets de loi dans lesquels on mettra en question :

Si les Français sont égaux devant la loi, quels que soient d'ailleurs leurs titres et leurs rangs ;

S'ils contribuent indistinctement, dans la proportion de leur fortune, aux charges de l'état ;

S'ils sont également admissibles aux emplois civils et militaires ;

Si leur liberté individuelle est également garantie ;

Si chacun professe sa religion avec une égale liberté, et obtient pour son culte la même protection ;

Si les Français ont le droit de publier et de faire imprimer leurs opinions ;

Si toutes les propriétes sont inviolables..... la loi ne mettant aucune différence entre elles ;

Si toutes recherches des opinions et votes émis avant la restauration, sont interdites;

Si le même oubli est commandé aux tribunaux et aux citoyens ;

Si le recrutement de l'armée de terre et de mer est déterminé par une loi ;

Si les Français ont le droit d'adresser une pétition à toute autorité constituée ;

Si les ministres sont responsables ;

Si les juges sont inamovibles ;

Si l'institution des jurés est conservée ;

Si la dette publique est garantie ;

Si toute espèce d'engagement pris par l'état avec ses créanciers est inviolable ;

Si les nobles n'ont que des honneurs et des rangs, sans aucune exemption des charges et des devoirs de la société.

Or, on sait parfaitement comment seraient décidées de

pareilles questions par des familles à titres , à majorats, à pensions et à expectatives de toute espèce.

Nous allons terminer en proposant deux questions constitutionelles.

PREMIÈRE QUESTION.

Le législateur constituant a dit : les électeurs qui *concourent à la nomination des députés......*

Le législateur constitué a-t-il le droit de changer ce texte et d'y substituer celui-ci.

« Les électeurs qui concourent les uns à la nomination « des candidats, les autres à la nomination des députés.... »

N'est-ce pas là altérer et violer le texte de la constitution ?

SECONDE QUESTION.

Le législateur a déjà prononcé que la constitution veut que TOUS les électeurs qui *concourent à la nomination des députés,* aient le droit d'y concourir immédiatement.

Or, le concours *immédiat* est un droit bien plus étendu que le concours *médiat.*

Le législateur peut-il maintenant diminuer le droit acquis aux électeurs ? peut-il prononcer que certains électeurs seront privés du droit de concourir immédiatement à la nomination des députés, et que certains électeurs jouiront exclusivement de ce droit ?

En supposant que le mot *concourir* puisse recevoir deux sens, le législateur l'ayant déjà interprété dans le sens le plus favorable, peut-il maintenant l'interpréter dans un sens moins favorable ? N'est-il pas reconnu en principe qu'une loi s'entend toujours dans le sens qui étend le droit, et jamais dans le sens qui le restreint ? Le législateur qui

admettrait successivement deux interprétations contradic-
toires, ne violerait-il pas la Charte, ne violerait-il pas les
premiers principes de l'équité, n'insulterait-il pas tout à
la fois et à la raison et à la nation ?

Art. 2.

Le Courrier français a pris soin, à plusieurs reprises,
de nous faire connaître la complète nullité, dans laquelle
sont tombés les journaux de département, depuis l'éta-
blissement de la censure. Dans les différens extraits qu'ils
nous en a donnés, on a pu voir qu'ils s'occupaient de tout
à l'exception de l'objet dont ils avaient été destinés à s'occuper. Hygiène, médecine, histoire naturelle, voyages,
histoire ancienne, bons mots et anecdotes : on y trouve de
tout ; mais de politique, point. Le but de ceux qui ont
demandé et voté la loi de confiance, contre la liberté de
la presse est bien atteint. Les habitans des départemens,
s'ils ne recevaient les journaux et les divers écrits qui par-
tent de la capitale, ignoreraient absolument la situation
politique de la France ; et personne ne s'avisera de sou-
tenir, je pense, qu'ils n'aient aucun intérêt à en être
instruits.

Mais il y a mieux : à la faveur de ce silence de mort, si
les citoyens ignorent ce qu'ils devraient savoir, ils enten-
dent en revanche répéter à chaque instant les bruits les
plus absurdes et les plus alarmans ; et depuis un mois,
il n'est peut-être pas un département en France où l'on
n'ait fait circuler la nouvelle, que l'on s'égorgeait dans
l'un des départemens voisins, que des mouvemens insur-
rectionnels s'y étaient manifestés, et que les militaires y
avaient pris part, pour ou contre l'autorité. Rennes et

Lyon ont été le sujet des plus effrayantes conjectures sur ce chapitre.

Il ne faut pas croire que cet état se borne à l'audition de quelques nouvelles, auxquelles l'esprit de parti sait donner ou refuser confiance, et qui disparaissent quelques jours après.

Ces bruits entretiennent cette inquiétude continuelle et générale ; toutes les entreprises et les industries en souffrent, la méfiance naît, et chacun attend un dénouement aux affaires du jour, qui remette les choses dans leur état accoutumé.

Entre autres choses que la censure nous a empêchés d'apprendre, il m'est parvenu sur les élections d'Avignon certains détails dont je crois devoir faire part à mes lecteurs.

24 avril 1820.

COLLÉGE ÉLECTORAL DE VAUCLUSE.

Bureau provisoire.

Président, Lecombe de Cambis, maire d'Avignon en 1815, aujourd'hui conseiller de préfecture ; secrétaire, M. Vergier père, procureur du roi, destitué depuis environ un an.

Les quatre scrutateurs sont quatre électeurs bien connus pour ennemis des idées libérales et tous pris dans la caste nobiliaire.

Bureau définitif.

Le bureau provisoire a été entièrement confirmé.

Candidats.

Le marquis de Caussans, ex-député, ayant toujours siégé au côté droit, porté par la noblesse ;

Soullier, négociant ex-député, ayant siégé au centre du centre.

Le général Julien ex-préfet du Morbihan, lieutenant général en retraite, porté par les libéraux.

Formation des listes.

Lors du dernier Collège électoral, le nombre des électeurs exigea deux sections ; à cette session nous n'en avons eu qu'une seule. Le nombre des électeurs a été moins considérable.

D'où provient cette diminution ?

On pourrait presque affirmer que la condition de certains électeurs a été *scrutinée* jusqu'à cinq centimes ; tandis qu'on n'a pas porté un œil aussi sévère sur la condition de certains autres.

Plusieurs électeurs ne se sont pas rendus pour user de leurs droits, les uns n'ayant pas reçu leur lettre, d'autres par indifférence regardant la convocation du Collège électoral de Vaucluse comme illusoire au moment où la session des Chambres touche à sa fin.

25 avril.

Pendant la journée d'hier et aujourd'hui notre département a été le département de l'intrigue Promesses aux uns et aux autres, assemblées préparatoires, proposition de changement, protestation de fidélité à la Charte et aux lois qui en dérivent : tout a été employé auprès des libéraux pour faire pencher la balance en faveur ou du côté droit, ou en faveur du centre.

Mais on s'est rapelé les protestations de M. le comte d'Augier qui ne se rappelle plus lui-même les cabales de l'oligarchie, contre son élection, et qui oublie aujourd'hui que c'est aux libéraux à qui il doit de siéger à la Chambre des députés. Le scrutin dépouillé a donné pour résultat la nomination de M. le marquis de Caussans.

L'oligarchie triomphe.

Vous serez surpris que le candidat libéral n'ait pas réuni plus de suffrages (16 voix), en voici la raison : Les libéraux ont préféré voter plutôt pour l'ultra que pour le ventre, lorsqu'ils ont vu ne pouvoir l'emporter.

26 avril.

Aux détails que je vous donnai hier sur le résultat de nos élections, je dois ajouter,

Que la nomination de M. de Caussans a jeté dans le délire nos privilégiés, que les personnages qui ont été en action en 1815 n'ont cessé de paraître sur la place publique, et que nous avons entendu profaner le cri auguste de *vive le roi* par la bouche de ceux qui, en le proférant, se livraient à toute sorte d'excès.

On a fait des feux de joie, les cris de *vive M. de Caussans, à bas les fédérés, à bas les libéraux* se sont fait entendre, et la police et surtout l'adjoint Morel qui fait les fonctions de maire n'aura certainement pas dressé procès verbal contre ces provocateurs ; du reste tout s'est borné à ces cris.

Il est à remarquer que M. Soullier, notre ex député ventru, a fait toutes les démarches possibles pour obtenir les voix des libéraux par le canal de ses deux fils qui donnaient l'assurance positive que leur père voterait pour le rejet du projet ministériel sur la nouvelle loi des élections.

De son côté le candidat Caussais n'a pas craint d'envoyer M. le chevalier de Ribier comme ambassadeur auprès des libéraux pour demander leurs voix. L'ambassadeur, en exposant sa demande, a insisté sur les principes constitutionnels du candidat ; et, comme on n'était pas disposé à l'en croire sur sa parole, il a présenté la profession de foi politique de M. de Caussans, portant textuellement son inviolable attachement à la légitimité, à la Charte, aux lois, aux principes et aux conséquences qui en dérivent : profession de foi que l'ambassadeur a offert de faire imprimer. Le fait s'est passé en présence du général Julien, de M. Gasparin d'Orange, de M. Monnier, avocat à Orange, et d'un électeur de la Palud, qui répondit fort séchement à l'ambassadeur, qu'il serait plus glorieux à M. de Caussans de n'être nommé que par les nobles ses égaux, sans venir quêter les suffrages des plébéiens et des libéraux, qui, selon lui, professent des doctrines pernicieuses. Le fait est certain, on le tient de *visu et auditu*.

Quant aux bruits alarmans qui, à l'ombre de la censure, se sont répandus sur les événemens de Lyon, la publicité vient d'en faire justice, et une brochure publiée par ces libéraux que l'on accuse cependant de chercher à alarmer et à soulever les esprits, a réduit ces bruits à leur juste valeur. Cependant il ne faut pas croire que l'esprit de parti y soit moins fort qu'ailleurs ; et si le parti olygarchique vient à bout de ses gracieux desseins, il aura assurément quelque obligation au clergé de cette ville, qui, tous les jours à huit heures, y fait dire une messe pour remercier le ciel de l'adoption des lois exceptionnelles, et pour obtenir que la loi des élections soit rapportée. On dit aussi que des difficultés sont faites pour recevoir à la première communion les enfans de cette ville qui suivent les écoles d'enseignement mutuel. Mais malgré tous les efforts de ces dignes auxiliaires de nos olygarques, l'attachement à la Charte et aux lois qui assurent nos libertés, n'y est point éteint. Le nombre des citoyens qui ont pris part à la souscription nationale, s'élève à plus de 1500, et l'un d'eux seul a souscrit pour 1200 francs.

IMPRIMERIE DE MADAME JEUNEHOMME-CRÉMIÈRE, RUE HAUTEFEUILLE, n° 20.

www.ingramcontent.com/pod-product-compliance
Lightning Source LLC
Chambersburg PA
CBHW051220050726
47594CB00007B/3302